काम करो

WORK

कृष्ण मौर्य

Made with ♥ on the Notion Press Platform
www.notionpress.com

कई साल पहले मैं एक भयानक स्थिति में था
गेंदबाजी दुर्घटना। मेरे दोस्त और मैं थे
एक गर्म टाईब्रेकर के अंत में, और
मेरा ध्यान एक अच्छा शो बनाने पर था
मेरे अंतिम शॉट में—कार्य में कूदना,
जोर-जोर से अपनी आसन्न जीत की घोषणा,
मेरे माध्यम से मेरे रास्ते में नाचना और घूमना
दृष्टिकोण- कि मुझे नहीं पता था कि कहाँ
मेरे पैर तब थे जब मैंने गेंद को जाने दिया।
यही वह क्षण था जब मुझे सीखना था
गेंदबाजी समुदाय कितना गंभीर है
एक के साथ रोल करने वालों को दंडित करने के बारे में
रेखा के ऊपर पैर की अंगुली। वे तेल या मोम डालते हैं
या चिकनाई या कुछ अकल्पनीय रूप से
गली भर में फिसलन, और चाहिए
कोई गलती से फिसल गया
सही हुक का प्रयास करते समय सीमाएँ
गोली मार दी, वह अपने पैरों को उड़ते हुए पाएगी
उसके नीचे से और उसकी गांड दुर्घटनाग्रस्त
नीचे एक सतह पर कि एक भी
एयरबोर्न बॉलिंग बॉल क्रैक नहीं हो सकती।
कुछ हफ़्ते बाद लोलिंग करते हुए
मैं इस लड़के के साथ बिस्तर पर था जिससे मैं मिला था
मेसी की, मैंने समझाया कि जब से मेरी
दुर्घटना, अब मैं जाग गया हूँ
मध्य रात्रि कष्टदायी के साथ
मेरे पैरों में दर्द। मेरे अनुसार
एक्यूपंक्चरिस्ट, यह अंदर की नसों से है

मेरे गिरने पर मेरी पीठ पटक रही थी,
और रात भर सोने के लिए
मुझे एक नया, मजबूत गद्दा चाहिए।
"जब मैं सोता हूं तो मेरे पैरों में दर्द होता है
भी!" उसने कहा, एक के लिए खुद को ऊपर उठाते हुए
अप्रतिबंधित उच्च पांच।
यह सिर्फ इसलिए नहीं है क्योंकि मैं इसमें नहीं हूं
पूरी हाई-फाइव बात है कि मैंने उसे छोड़ दिया
फांसी, बल्कि इसलिए भी कि मैं नाराज था
उसके साथ। मुझे पहले से ही गद्दा मिल गया है
खरीदारी पूरी तरह से विचित्र होना और
लज्जाजनक—अपनी तरफ करवट लेकर लेटना
सभी को देखने के लिए अपनी जांघों के बीच तकिया
जैसे यह किसी का व्यवसाय है - लेकिन तथ्य
कि मुझे इसे अपने सेल्समैन के झूठ बोलने के साथ करना था
मेरे बगल में, एक हाई-फाइवर के लिए भीख माँग रहा था
जितना मैं संभाल सकता था उससे अधिक।
मैं मदद नहीं कर सका लेकिन ध्यान दिया कि सभी
अन्य सेल्समैन बस अंत में खड़े थे
बिस्तर के, गद्दे के तथ्यों को झुनझुनाते हुए
जबकि उनके ग्राहकों ने असंख्य परीक्षण किए
पद, लेकिन मेरा नहीं। वह कम करेगा
मेरे बगल में उसकी पीठ पर, बाहें
उसकी छाती के ऊपर से पार किया, और सोच समझकर
दूर चैट करें, हम जैसे छत पर घूर रहे हैं
समर कैंप में थे। मेरा मतलब है, वह था
काफी अच्छा और अविश्वसनीय
कॉइल्स और लेटेक्स के बारे में जानकार और

मेमोरी फोम, लेकिन मुझे रोल करने में डर लग रहा था
डर के मारे वह मुझे चम्मच से पीटना शुरू कर देगा।
क्या मैं बहुत मिलनसार था? क्या मेरे पास नहीं होना चाहिए
उससे पूछा कि वह कहां से है? क्या वह
मुझे लगता है कि मेरा मतलब कुछ और था जब मैं
परीक्षण करने के लिए मेरे बगल की खाली जगह को थपथपाया
तकिया शीर्ष?
मुझे स्पष्ट रूप से फ्रीक से पूछना चाहिए था
Lyrics meaning: बॉब दिखाएँ लानत बिस्तर से बाहर निकलने के लिए, या
इसके बजाय मेरी मदद करने के लिए किसी और को मिला
दरवाजे के बाहर चुपके और मेरे उड़ाने की
उस सप्ताह गद्दे पर जाने का एकमात्र अवसर
खरीदारी, लेकिन मैं शर्मिंदा नहीं होना चाहता था
उसका।
मैं उसे शर्मिंदा नहीं करना चाहता था!
यह लगभग मेरा परिवार कैसा है
किसी भी तरह से निपटने के लिए प्रशिक्षित किया गया था
संभावित रूप से असहज बातचीत।
के असफल-सुरक्षित तरीके के साथ
विपरीत दिशा में चल रहा है, अन्य
हमारे टकराव टूलबॉक्स में भी उपकरण
शामिल हैं: फ्रीज, मौसम के बारे में बात करना,
खाली जाओ, और पल भर में आंसू बहाओ
आप समझ से बाहर हैं।
टकराव प्रबंधन कौशल की हमारी कमी कोई बड़ा आश्चर्य नहीं था
इस तथ्य पर विचार करते हुए कि मेरी माँ
WASPs के एक लंबे वंश से आता है।

उसके माता-पिता उस प्रकार के थे जो
माना जाता है कि बच्चों को देखा जाना था
और सुना नहीं, और जिसने किसी को देखा
उसी के साथ भावनात्मक प्रदर्शन,
भयभीत तिरस्कार आमतौर पर के लिए आरक्षित है
सस्ते स्कॉच और गैर आइवी लीग
शिक्षा।
और भले ही मेरी मां चली गई
हमारे लिए एक घर बनाने के लिए जैसा था
गर्म, प्यार, और हँसी से भरे हुए
आओ, मुझे आखिरकार सालों लग गए
कब वाक्य बनाना सीखें
रक्त द्रुतशीतन के साथ प्रस्तुत किया
वाक्यांश, "हमें बात करने की ज़रूरत है।"
यह सब कहना है कि यह तुम्हारा नहीं है
गलती है कि तुम गड़बड़ हो। यह आपकी गलती है
अगर तुम गड़बड़ रहो, लेकिन नींव
तुम्हारी चुदाई का कुछ है
के माध्यम से पारित किया गया है
आपके परिवार की पीढ़ियाँ, एक कोट की तरह
आर्म्स या किलर कॉर्नब्रेड रेसिपी, या इन
मेरा मामला, के साथ टकराव की बराबरी करना
दिल की धड़कन रुकना।
जब आप इस पर चिल्लाते हुए आए
ग्रह आप वास्तव में आनंद का एक बंडल थे, ए
चौड़ी आंखों वाला प्राणी जो करने में असमर्थ हो
कुछ भी लेकिन पल में होने के नाते। आप
पता नहीं था कि आपके पास एक शरीर है, चलो

अकेले कि आपको इसके लिए शर्म आनी चाहिए।
जब आपने चारों ओर देखा, सब कुछ बस
था। आपके बारे में कुछ नहीं था
दुनिया जो डरावनी या बहुत महंगी थी या
तो पिछले साल जहाँ तक आप थे
चिंतित। अगर आपके पास कुछ आया
मुँह, यदि वह निकट आया तो तूने उसमें अटका दिया
आपका हाथ, आपने इसे पकड़ लिया। तुम थे
बस एक इंसान। . . हो रहा

क्रम-सूची

1

कई साल पहले मैं एक भयानक स्थिति में था
गेंदबाजी दुर्घटना। मेरे दोस्त और मैं थे
एक गर्म टाईब्रेकर के अंत में, और
मेरा ध्यान एक अच्छा शो बनाने पर था
मेरे अंतिम शॉट में—कार्य में कूदना,
जोर-जोर से अपनी आसन्न जीत की घोषणा,
मेरे माध्यम से मेरे रास्ते में नाचना और घूमना
दृष्टिकोण- कि मुझे नहीं पता था कि कहाँ
मेरे पैर तब थे जब मैंने गेंद को जाने दिया।
यही वह क्षण था जब मुझे सीखना था
गेंदबाजी समुदाय कितना गंभीर है
एक के साथ रोल करने वालों को दंडित करने के बारे में
रेखा के ऊपर पैर की अंगुली। वे तेल या मोम डालते हैं
या चिकनाई या कुछ अकल्पनीय रूप से
गली भर में फिसलन, और चाहिए
कोई गलती से फिसल गया
सही हुक का प्रयास करते समय सीमाएँ
गोली मार दी, वह अपने पैरों को उड़ते हुए पाएगी
उसके नीचे से और उसकी गांड दुर्घटनाग्रस्त
नीचे एक सतह पर कि एक भी
एयरबोर्न बॉलिंग बॉल क्रैक नहीं हो सकती।

कुछ हफ़्ते बाद लोलिंग करते हुए
मैं इस लड़के के साथ बिस्तर पर था जिससे मैं मिला था
मेसी की, मैंने समझाया कि जब से मेरी
दुर्घटना, अब मैं जाग गया हूँ
मध्य रात्रि कष्टदायी के साथ
मेरे पैरों में दर्द। मेरे अनुसार
एक्यूपंक्चरिस्ट, यह अंदर की नसों से है
मेरे गिरने पर मेरी पीठ पटक रही थी,
और रात भर सोने के लिए
मुझे एक नया, मजबूत गद्दा चाहिए।
"जब मैं सोता हूं तो मेरे पैरों में दर्द होता है
भी!" उसने कहा, एक के लिए खुद को ऊपर उठाते हुए
अप्रतिबंधित उच्च पांच।
यह सिर्फ इसलिए नहीं है क्योंकि मैं इसमें नहीं हूं
पूरी हाई-फाइव बात है कि मैंने उसे छोड़ दिया
फांसी, बल्कि इसलिए भी कि मैं नाराज था
उसके साथ। मुझे पहले से ही गद्दा मिल गया है
खरीदारी पूरी तरह से विचित्र होना और
लज्जाजनक—अपनी तरफ करवट लेकर लेटना
सभी को देखने के लिए अपनी जांघों के बीच तकिया
जैसे यह किसी का व्यवसाय है - लेकिन तथ्य
कि मुझे इसे अपने सेल्समैन के झूठ बोलने के साथ करना था
मेरे बगल में, एक हाई-फाइवर के लिए भीख माँग रहा था
जितना मैं संभाल सकता था उससे अधिक।
मैं मदद नहीं कर सका लेकिन ध्यान दिया कि सभी
अन्य सेल्समैन बस अंत में खड़े थे
बिस्तर के, गद्दे के तथ्यों को झुनझुनाते हुए
जबकि उनके ग्राहकों ने असंख्य परीक्षण किए
पद, लेकिन मेरा नहीं। वह कम करेगा
मेरे बगल में उसकी पीठ पर, बाहें

उसकी छाती के ऊपर से पार किया, और सोच समझकर
दूर चैट करें, हम जैसे छत पर घूर रहे हैं
समर कैंप में थे। मेरा मतलब है, वह था
काफी अच्छा और अविश्वसनीय
कॉइल्स और लेटेक्स के बारे में जानकार और
मेमोरी फोम, लेकिन मुझे रोल करने में डर लग रहा था
डर के मारे वह मुझे चम्मच से पीटना शुरू कर देगा।
क्या मैं बहुत मिलनसार था? क्या मेरे पास नहीं होना चाहिए
उससे पूछा कि वह कहां से है? क्या वह
मुझे लगता है कि मेरा मतलब कुछ और था जब मैं
परीक्षण करने के लिए मेरे बगल की खाली जगह को थपथपाया
तकिया शीर्ष?
मुझे स्पष्ट रूप से फ्रीक से पूछना चाहिए था
Lyrics meaning: बॉब दिखाएँ लानत बिस्तर से बाहर निकलने के लिए, या
इसके बजाय मेरी मदद करने के लिए किसी और को मिला
दरवाजे के बाहर चुपके और मेरे उड़ाने की
उस सप्ताह गद्दे पर जाने का एकमात्र अवसर
खरीदारी, लेकिन मैं शर्मिंदा नहीं होना चाहता था
उसका।
मैं उसे शर्मिंदा नहीं करना चाहता था!
यह लगभग मेरा परिवार कैसा है
किसी भी तरह से निपटने के लिए प्रशिक्षित किया गया था
संभावित रूप से असहज बातचीत।
के असफल-सुरक्षित तरीके के साथ
विपरीत दिशा में चल रहा है, अन्य
हमारे टकराव टूलबॉक्स में भी उपकरण
शामिल हैं: फ्रीज, मौसम के बारे में बात करना,
खाली जाओ, और पल भर में आंसू बहाओ
आप समझ से बाहर हैं।

टकराव प्रबंधन कौशल की हमारी कमी कोई बड़ा आश्चर्य नहीं था
इस तथ्य पर विचार करते हुए कि मेरी माँ
WASPs के एक लंबे वंश से आता है।
उसके माता-पिता उस प्रकार के थे जो
माना जाता है कि बच्चों को देखा जाना था
और सुना नहीं, और जिसने किसी को देखा
उसी के साथ भावनात्मक प्रदर्शन,
भयभीत तिरस्कार आमतौर पर के लिए आरक्षित है
सस्ते स्कॉच और गैर आइवी लीग
शिक्षा।
और भले ही मेरी मां चली गई
हमारे लिए एक घर बनाने के लिए जैसा था
गर्म, प्यार, और हँसी से भरे हुए
आओ, मुझे आखिरकार सालों लग गए
कब वाक्य बनाना सीखें
रक्त द्रुतशीतन के साथ प्रस्तुत किया
वाक्यांश, "हमें बात करने की ज़रूरत है।"
यह सब कहना है कि यह तुम्हारा नहीं है
गलती है कि तुम गड़बड़ हो। यह आपकी गलती है
अगर तुम गड़बड़ रहो, लेकिन नींव
तुम्हारी चुदाई का कुछ है
के माध्यम से पारित किया गया है
आपके परिवार की पीढ़ियाँ, एक कोट की तरह
आर्म्स या किलर कॉर्नब्रेड रेसिपी, या इन
मेरा मामला, के साथ टकराव की बराबरी करना
दिल की धड़कन रुकना।
जब आप इस पर चिल्लाते हुए आए
ग्रह आप वास्तव में आनंद का एक बंडल थे, ए
चौड़ी आंखों वाला प्राणी जो करने में असमर्थ हो
कुछ भी लेकिन पल में होने के नाते। आप

पता नहीं था कि आपके पास एक शरीर है, चलो
अकेले कि आपको इसके लिए शर्म आनी चाहिए।
जब आपने चारों ओर देखा, सब कुछ बस
था। आपके बारे में कुछ नहीं था
दुनिया जो डरावनी या बहुत महंगी थी या
तो पिछले साल जहाँ तक आप थे
चिंतित। अगर आपके पास कुछ आया
मुँह, यदि वह निकट आया तो तूने उसमें अटका दिया
आपका हाथ, आपने इसे पकड़ लिया। तुम थे
बस एक इंसान। . . हो रहाजबकि आपने एक्सप्लोर किया और विस्तार
किया
अपनी नई दुनिया में, आपने भी प्राप्त किया
आपके आसपास के लोगों के संदेश
जिस तरह से चीजें हैं उसके बारे में। से
जिस क्षण आप इसे ले सकते थे, उन्होंने शुरू कर दिया
आपको जीवन भर के मूल्य से भर रहा है
विश्वास, जिनमें से कई के पास कुछ भी नहीं है
आप वास्तव में कौन हैं या क्या हैं, इसके साथ करें
आवश्यक रूप से सत्य (उदाहरण के लिए दुनिया एक है
खतरनाक जगह, तुम बहुत मोटे हो,
समलैंगिकता एक अभिशाप है, आकार मायने रखता है,
वहां बाल नहीं उगने चाहिए
कॉलेज महत्वपूर्ण है, एक संगीतकार होने के नाते या
एक कलाकार वास्तविक पेशा नहीं है, आदि)।
इस जानकारी का मुख्य स्रोत
निश्चित रूप से, आपके माता-पिता ने सहायता की थी
बडे पैमाने पर समाज। जब वे उठा रहे थे
आप, आपके माता-पिता, एक वास्तविक प्रयास में
आपकी रक्षा करें और आपको शिक्षित करें और प्यार करें
आप उनके पूरे दिल से (उम्मीद है),

उन विश्वासों को पारित किया जो उन्होंने अपने माता-पिता से सीखा, जिन्होंने उन्हें अपने माता-पिता से सीखा, जिन्होंने उन्हें अपने माता-पिता से सीखा। . . .
परेशानी यह है कि इनमें से कई मान्यताएं हैं
वे कौन हैं इससे कोई लेना-देना नहीं है
वास्तव में हैं / थे या वास्तव में क्या है
सच।
मुझे एहसास है कि मैं इसे पसंद कर रहा हूं
हम सब पागल हैं, लेकिन ऐसा इसलिए है क्योंकि हम
प्रकार हैं।
ज्यादातर लोग रह रहे हैं
पर आधारित एक भ्रम में
किसी और की मान्यताएँ।
जब तक वे जाग नहीं जाते। कौन क्या है
आशा है कि यह पुस्तक आपकी मदद करेगी।
यहां बताया गया है कि यह कैसे काम करता है: हम मनुष्य के रूप में
एक सचेत दिमाग है और ए
अवचेतन मन। हम में से अधिकांश केवल हैं
हालांकि, हमारे चेतन मन के बारे में पता है,
क्योंकि यहीं पर हम अपनी सारी प्रक्रिया करते हैं
जानकारी। यह वह जगह है जहां हम चीजों को आंकते हैं
बाहर, न्यायाधीश, जुनूनी, विश्लेषण, आलोचना,
चिंता करें कि हमारे कान बहुत बड़े हैं, फैसला करें
एक बार हमेशा के लिए तला हुआ खाना बंद कर दें,
2 + 2 = 4 समझ लो, याद करने की कोशिश करो
हमने कार की चाबियां आदि कहां छोड़ीं।
चेतन मन एक जैसा है
अथक अतिउत्साही, लगातार
विचार से विचार में घूमता है,
केवल तभी रुकना जब हम सोते हैं, और तब

दूसरे को फिर से शुरू करना हम अपना खोलते हैं
आंखें। हमारा चेतन मन, अन्यथा
हमारे ललाट पालि के रूप में जाना जाता है, पूरी तरह से नहीं है
यौवन के आसपास कुछ समय तक विकसित करें।
दूसरी ओर हमारा अवचेतन मन
हाथ, हमारे का गैर-विश्लेषणात्मक हिस्सा है
मस्तिष्क जो पल भर में पूरी तरह से विकसित हो गया है
हम यहाँ पृथ्वी पर आते हैं। यह इस बारे में है
भावनाओं और वृत्ति और में प्रस्फुटित होना
में कान छिदवाने वाला गुस्सा
सुपरमार्केट के बीच में। यह भी कहाँ है
हम सभी जल्दी, बाहर स्टोर करते हैं
जानकारी हमें मिलती है।
अवचेतन मन मानता है
सब कुछ क्योंकि इसमें कोई फ़िल्टर नहीं है, यह
के बीच का अंतर नहीं जानता
क्या सच है और क्या सच नहीं है। यदि हमारा
माता-पिता हमें बताते हैं कि हमारे परिवार में कोई नहीं है
पैसा बनाना जानता है, हमें विश्वास है
उन्हें। अगर वे हमें वह शादी दिखाते हैं
मतलब एक दूसरे के चेहरे पर मुक्का मारना,
हम उन पर विश्वास करते हैं। हम उन पर विश्वास करते हैं जब
वे हमें बताते हैं कि लाल सूट में कोई मोटा आदमी है
चिमनी के नीचे चढ़ने जा रहा है और
हमारे लिए उपहार लाओ- हम क्यों नहीं
वे किसी भी अन्य कचरे पर विश्वास करते हैं
हमें खिलाएं?
हमारा अवचेतन मन थोड़ा सा है
बच्चा जो कोई बेहतर नहीं जानता है और,
संयोग से नहीं, इसका अधिकांश भाग प्राप्त करता है

जानकारी जब हम छोटे बच्चे हैं और
कोई बेहतर नहीं जानता (क्योंकि हमारा
फ्रंटल लोब्स, हमारा चेतन हिस्सा
दिमाग, अभी पूरी तरह से नहीं बना है)। हम लेते हैं
शब्दों के माध्यम से जानकारी में, मुस्कान,
भ्रूभंग, भारी आहें, उठी हुई भौंहें,
लोगों के आंसू, हंसी आदि
फ़िल्टर करने की शून्य क्षमता के साथ हमारे आसपास
इसमें से कोई भी, और यह सब हमारे में दर्ज हो जाता है
स्क्विशी छोटे अवचेतन मन के रूप में
"सत्य" (अन्यथा हमारे रूप में जाना जाता है
"विश्वास") जहां वह रहता है, अबाधित
और अविश्लेषित, जब तक हम पर हैं
थेरेपी काउच दशकों बाद या जाँच
खुद को पुनर्वसन में, फिर से।
मैं बहुत अधिक गारंटी दे सकता हूं कि हर
समय आप अश्रुपूरित रूप से अपने आप से पूछें
सवाल, "डब्ल्यूटीएफ मेरी समस्या है?"
उत्तर कुछ लंगड़ा, सीमित और में निहित है
गलत अवचेतन विश्वास है कि आप
बिना घसीट रहा है
इसे साकार करना। जिसका मतलब है कि
यह समझना प्रमुख रूप से महत्वपूर्ण है।
तो आइए समीक्षा करें, क्या हम?
1) हमारे अवचेतन मन में होता है
हमारे जीवन का खाका। इसका
के आधार पर शो चला रहा है
अनफ़िल्टर्ड जानकारी यह एकत्र हुई
जब हम बच्चे थे, अन्यथा
हमारे "विश्वासों" के रूप में जाना जाता है।

2) हम अधिकांश भाग के लिए हैं,
इनसे पूरी तरह बेखबर
अवचेतन विश्वास जो हमें चलाते हैं
जीवन।
3) जब अंत में हमारे चेतन मन
विकसित करें और काम के लिए दिखाएं, नहीं
कोई फर्क नहीं पड़ता कि कितना बड़ा और स्मार्ट और
हाईफाल्टिन वे बनते हैं, वे हैं
अभी भी विश्वासों द्वारा नियंत्रित किया जा रहा है
हम अपने चारों ओर ले जा रहे हैं
अवचेतन मन।
हमारा चेतन मन
सोचता है कि यह नियंत्रण में है,
लेकिन यह नहीं है।
हमारा अवचेतन मन
के बारे में नहीं सोचता
कुछ भी, लेकिन अंदर है
नियंत्रण।
यही कारण है कि हममें से बहुत से लोग ठोकर खाते हैं
जीवन के माध्यम से वह सब कुछ करना जो हम जानते हैं
करने के लिए हमारे चेतन मन, अभी तक रहते हैं
हम जो उत्कृष्ट जीवन चाहते हैं उसे बनाने से हमें रोक रहे हैं।
उदाहरण के लिए, मान लीजिए कि आप थे
एक पिता द्वारा उठाया गया जो लगातार था
आर्थिक रूप से संघर्ष कर रहा था, जो चला गया
फर्नीचर को लात मारना और
पैसा कैसे नहीं होता है, इस बारे में बड़बड़ाना
वृक्षों पर उगते हैं, और किसने तुम्हारी उपेक्षा की
क्योंकि वह हमेशा कोशिश करना बंद कर देता था, और
अधिकांश भाग असफल होने के लिए, एक बनाने के लिए

जीविका। आपके अवचेतन ने इसे अंदर ले लिया
अंकित मूल्य और विकसित हो सकता है
झुठलानाएफएस जैसे:
• धन = संघर्ष
• पैसा उपलब्ध नहीं है।
• यह पैसे की गलती है कि मैं था
मेरे पिता द्वारा त्याग दिया गया।
• पैसा चूसता है और दर्द देता है।
आपको एक वयस्क के रूप में काटें, जो आपके में है
चेतन मन, कुछ भी प्यार नहीं करेगा
आटा गूंथने से ज्यादा, लेकिन
जो अवचेतन रूप से अविश्वास कर रहा है
पैसा, मानता है कि यह आपके लिए उपलब्ध नहीं है
और किसे चिंता है कि यदि आप सफल हुए,
आपको किसी ऐसे व्यक्ति द्वारा त्याग दिया जाएगा जो आप हैं
प्यार। तब आप इन्हें प्रकट कर सकते हैं
अवचेतन विश्वासों को तोड़कर नं
कोई फर्क नहीं पड़ता कि आप सचेत रूप से कितनी कोशिश करते हैं
पैसा कमाना, या बार-बार बनाकर
टन पैसा और फिर इसे क्रम में खोना
परित्यक्त होने से बचने के लिए, या ए में
अन्य, निराशाजनक तरीकों की अधिकता।
कोई फर्क नहीं पड़ता कि तुम क्या हो
कहो तुम चाहते हो, अगर तुम हो
एक अंतर्निहित मिला
अवचेतन विश्वास है कि
यह आपको प्रभावित करेगा
दर्द या उपलब्ध नहीं है
आप, आप या तो ए)
अपने पास नहीं होने देंगे

यह, या बी) आप जाने देंगे
आपके पास यह है, लेकिन
तुम गड़बड़ हो जाओगे
इसके बारे में। और तब
तुम चले जाओगे और इसे खो दोगे
वैसे भी।
उसे खाने से हमें पता ही नहीं चलता
चौथा डोनट या हमारी उपेक्षा करके
अंतर्ज्ञान और उस लड़के से शादी करना जो एक है
हमारे लो-डाउन, चीटिंग 'की तरह बहुत कुछ
पिताजी, कि हम अपने द्वारा संचालित किए जा रहे हैं
अवचेतन मन, हमारा चेतन नहीं
मन। और वो भी तब जब हमारा अवचेतन
विश्वासों के अनुरूप नहीं हैं
चीजें और अनुभव हम अपने में चाहते हैं
चेतन मन (और दिल), यह बनाता है
हम जो हैं उसके बीच भ्रामक संघर्ष
बनाने की कोशिश कर रहे हैं और हम वास्तव में क्या हैं
बनाना। ऐसा लगता है जैसे हम एक के साथ गाड़ी चला रहे हैं
गैस पर पैर और ब्रेक पर एक पैर।
(जाहिर है हम सभी के पास कमाल है
अवचेतन विश्वास भी, लेकिन हम हैं
अभी उनके बारे में बात नहीं कर रहा हूं।)
यहाँ कुछ अन्य परिदृश्य दिए गए हैं
घंटी बज सकती है या नहीं:
चेतन मन: मुझे खोजने की लालसा है और
मेरी आत्मा दोस्त से शादी करो।
अवचेतन मन: अंतरंगता की ओर जाता है
दर्द और पीड़ा के लिए।
उंगली: अंगूठी रहित

चेतन मन: मैं 25 खोना चाहता हूँ
पाउंड।
अवचेतन मन: लोग नहीं हैं
सुरक्षित; मुझे रक्षा के लिए ढाल बनानी होगी
खुद।
बॉडी: फ्लैब का एक किला
कॉन्शियस माइंड: मैं हॉट और सेक्सी हूं
और इसे चालू करना चाहते हैं।
अवचेतन मन: भौतिक
आनंद शर्मनाक है।
सेक्स लाइफ: जम्हाई
चेतन मन: मैं यात्रा करना चाहता हूँ
दुनिया।
अवचेतन मन : फन =
गैरजिम्मेदार = मुझे प्यार नहीं होगा
पासपोर्ट: खाली
यह सक्षम नहीं होने जैसा है
अपने सामने के बरामदे में बैठने का आनंद लें
अब और क्योंकि यह पूरी तरह से गंध करता है
वहाँ कुछ गड़बड़ है। तुम आ सकते हो
निपटने के इन सभी शानदार तरीकों के साथ
समस्या के साथ-हल्की धूप, सेट अप करें
प्रशंसकों, इसे कुत्ते पर दोष दें - लेकिन जब तक आप
एहसास है कि कुछ नीचे रेंग गया है
आपका घर और मर गया, आपकी समस्याएं होंगी
रुकते रहो, अपने जीवन को बदबूदार बनाते रहो।
खुद से छुटकारा पाने की पहली कुंजी
अवचेतन विश्वासों को सीमित करना है
उनके बारे में जागरूक हो जाओ। क्योंकि जब तक
आप जानते हैं कि वास्तव में क्या चल रहा है,

आप अपनी चेतना से काम करते रहेंगे
दिमाग (लगता है कि आपको पोर्च पेंट करने की ज़रूरत है)
एक समस्या को हल करने के लिए जो बहुत दूर दबी हुई है
इसके नीचे (डेड स्कंक रिमूवल) आपके में
अवचेतन, जो एक अभ्यास है
निरर्थकता।
कुछ को देखने के लिए एक मिनट का समय निकालें
आपके जीवन के कम-से-प्रभावशाली क्षेत्र
और अंतर्निहित मान्यताओं के बारे में सोचें
जो उन्हें बना सकता था। चलो ले लो
पुराने भीड़-सुखाने वाले, पैसे की कमी,
उदाहरण के लिए।क्या आप बहुत कम कर रहे हैं
जितना आप जानते हैं कि आप सक्षम हैं
कमाई? क्या आप एक निश्चित पहुंच गए हैं
आय का स्तर, कोई फर्क नहीं पड़ता कि आप क्या
क्या, आप ऊपर नहीं जा सकते? करता है
धन की बहुतायत पैदा करना
लगातार ऐसा लगता है जैसे आप कुछ हैं
शारीरिक रूप से भी सक्षम नहीं है? यदि ऐसा है तो,
आने वाली पहली पांच चीजों को लिखें
जब आप सोचते हैं तो आपके दिमाग में
धन। क्या आपकी सूची आशा से भरी है और
ब्रावो या डर और घृणा? क्या हैं
आपके माता -पिता के पैसे के बारे में विश्वास? क्या
क्या आप अन्य लोगों की मान्यताएं हैं
चारों ओर बड़ा हुआ? उनका क्या था
जैसे पैसे के साथ संबंध? क्या आप
उनके पैसे के बीच कोई संबंध देखें
विश्वास और तुम्हारा?
बाद में इस पुस्तक में मैं जा रहा हूँ

आप के साथ बहुत गहराई तक जाने के लिए उपकरण देते हैं
आपके अवचेतन विश्वास और फिक्स
जो कुछ भी आप जीने से अवरुद्ध कर रहा है
जिस तरह का जीवन आप जीना पसंद करते हैं, लेकिन के लिए
अब, एक तरफ कदम रखने का अभ्यास करें, नोटिस करें
डिसफंक्शनल में क्या हो रहा है
अपने जीवन के क्षेत्र और अपने को मजबूत करें
सर्वशक्तिमान जागरूकता मांसपेशी। शुरू
उन कहानियों के लिए जागना जो आप काम कर रहे हैं
अपने अवचेतन के साथ (मुझे करना होगा
पैसे कमाने के लिए मैं उन चीजों से नफरत करता हूं,
अगर मैं एक अंतरंग में आता हूं तो मैं फंस जाता हूं
संबंध, अगर मैं एक आहार पर जाता हूं तो मैं कभी नहीं होता
अगर मैं आनंद लेता हूं, तो फिर से कुछ भी मज़ा लें
सेक्स मैं बाकी के साथ नरक में जलता हूँ
गंदे पापी, आदि)। क्योंकि एक बार आप
देखें कि वास्तव में क्या हो रहा है, आप शुरू कर सकते हैं
अपने बदबूदार शवों को बाहर खींचने के लिए
अवचेतन विश्वासों को सीमित करना और देना
उन्हें हीव-हो, जिससे खुलता है
ताजा, नया आमंत्रित करने के लिए जगह,
भयानक विश्वास और अनुभव
आप अपने जीवन में प्यार करते हैं

9 798889 518969

Printed by Libri Plureos GmbH in Hamburg,
Germany